DISNEY PRINCESS

迪士尼公主
正向故事集
勇氣的力量
貼紙版

新雅文化事業有限公司
www.sunya.com.hk

U0061260

迪士尼公主正向故事集
勇氣的力量（貼紙版）

作　　者：Liz Marsham, Elizabeth Rudnick, Catherine Hapka, Cynthea Liu
翻　　譯：羅睿琪
責任編輯：胡頌茵
美術設計：劉麗萍
出　　版：新雅文化事業有限公司
　　　　　香港英皇道 499 號北角工業大廈 18 樓
　　　　　電話：（852）2138 7998
　　　　　傳真：（852）2597 4003
　　　　　網址：http：//www.sunya.com.hk
　　　　　電郵：marketing@sunya.com.hk
發　　行：香港聯合書刊物流有限公司
　　　　　香港荃灣德士古道 220-248 號荃灣工業中心 16 樓
　　　　　電話：(852) 2150 2100
　　　　　傳真：(852) 2407 3062
　　　　　電郵：info@suplogistics.com.hk
印　　刷：中華商務聯合印刷（廣東）有限公司
　　　　　廣東省深圳市龍崗區平湖街道鵝公嶺春湖工業區 10 棟
版　　次：二〇二三年十一月初版

灰姑娘

驚喜芭蕾舞會

相信自己

一個美好的春日早晨，灰姑娘和王宮裏的家庭教師普魯登斯漫步走過庭院。普魯登斯平日也負責協助灰姑娘履行公主的職責。她提醒灰姑娘一場重要的盛會將要舉行了。

「下星期北方的貴族將會到來，展開年度的春季訪問。」普魯登斯說，「而你的職責就是負責籌辦下午茶會招待他們。」

普魯登斯帶着灰姑娘穿越城堡，來到一間漆黑一片、空氣混濁的房間。「這裏就是平日舉行皇室活動的場地。」普魯登斯介紹着說。

「但是，如果人們不到戶外去，那為什麼要在春天到訪呢？」灰姑娘問道。

「這是皇室的傳統活動。」普魯登斯說，「根據傳統，在下午茶會上我們還會安排節目娛賓。一個芭蕾舞團會表演春天的舞蹈。」

「芭蕾舞？」灰姑娘興奮地說，「多美妙呀！我也曾經學習過芭蕾舞呢！」

　　「小時候，我喜愛學習芭蕾舞，練習飛躍、旋轉、踢腿和踮起腳尖保持平衡！」灰姑娘說，「我曾經在家中的庭園為我的父母表演芭蕾舞呢。」

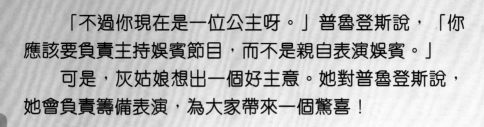

「不過你現在是一位公主呀。」普魯登斯說，「你
應該要負責主持娛賓節目，而不是親自表演娛賓。」
　　可是，灰姑娘想出一個好主意。她對普魯登斯說，
她會負責籌備表演，為大家帶來一個驚喜！

第二天，芭蕾舞團抵達王宮，開始進行排練。灰姑娘向芭蕾舞團查問能否讓多一個人參與演出。她想要開始一個新的傳統。

首先，芭蕾舞團需要給灰姑娘張羅
一件舞衣。在春季舞蹈表演上，所有舞
蹈員都會穿上色彩繽紛的舞衣。

灰姑娘試試穿
上粉紅色的舞衣，

一件紫色的舞衣，

和一件綠色的舞衣。

這些舞衣全都非常華麗，
然而灰姑娘卻覺得它們都不太
合適。

普魯登斯感到越來越好奇又擔憂，到底灰姑娘有什麼驚喜計劃呢？

「也許我可以直接進去，看看他們有沒有什麼需要。」她說。

當普魯登斯打開房門，舞蹈員們隨即一把將衣架拉過來遮擋着灰姑娘。

「你好呀，普魯登斯。」灰姑娘笑着說，「你不是打算要破壞我的驚喜吧？」

「喔……噢，」普魯登斯結結巴巴地說，「當然不是呀，公主殿下。」

第二天早上，灰姑娘帶著芭蕾舞團到王宮的庭園去。他們在不同的花圃裏採摘了一些花朵，然後開始將花朵編織成長長的花環，用作表演時的裝飾。

普魯登斯覺得越來越焦躁，她必須知道
灰姑娘有何計劃！

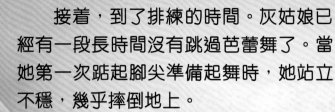

接着，到了排練的時間。灰姑娘已經有一段長時間沒有跳過芭蕾舞了。當她第一次踮起腳尖準備起舞時，她站立不穩，幾乎摔倒地上。

大家原以為灰姑娘會因此感到難過，但是她卻毫不介懷，笑着再嘗試。灰姑娘知道自己只是需要多多練習。

之後數天，灰姑娘和芭蕾舞團一起不停地進行
排練，她努力地練習再練習。

灰姑娘嘗試優雅地轉個圈，卻頓覺頭昏眼花，
撞到其他舞蹈員身上。

她又試着高高地踢
腿，但不小心踢翻了一
些舞台布景裝置。

到了表演的前一天，排練過程變得順暢多了。

灰姑娘成功旋轉着起舞。

她又能夠平穩地將腿高高地踢向半空。

到了排練結束時，其他舞蹈員都為灰姑娘歡呼喝彩。她真是進步神速呢！

普魯登斯在外面聽到如雷掌聲，令她的好奇心再次冒起。她
必須看看灰姑娘在做什麼！於是，她偷偷地從窗外窺探。

　　可是灰姑娘的老鼠朋友們正在嚴密戒備呢。在普魯登斯
看見什麼之前，老鼠們已一把將窗簾拉上了。灰姑娘發現了
這情況，便去查看一下。

灰姑娘知道普魯登斯不會輕易放棄打探她的計劃。

「普魯登斯，你想要幫忙籌備驚喜節目嗎？」灰姑娘問。

普魯登斯頓時鬆了一口氣，高興地回答說：「好呀，請讓我幫忙吧！」

下午茶會舉行了！宴會場地的門打開後，只見普魯登斯正在房間中等候着來賓。隨即，國王、王子和大公爵，還有北方貴族們一同進內。

　　「呀，對了。」其中一位貴族說，「這裏就是每年舉辦茶會的地方嘛，所有節目都是一如以往吧。」

　　「各位貴賓，這次的安排不太一樣呢。」普魯登斯回答
說。她將天鵝絨窗簾拉到一旁，陽光隨即透過敞開着的玻璃
門灑進房間內。只見室外設置了一個舞台，從舞台上的布景
到舞台前的花圃，全都布滿了盛開的花兒！

　　所有人隨即走到室外，呼吸花園裏的清新空氣。他們聞到甜美的花香，聽見鳥兒婉轉的歌聲。大家笑容滿面地到舞台前就坐，準備欣賞表演。

「公主殿下在哪兒？」大公爵悄聲問普魯登斯。

　　普魯登斯輕輕拍了拍他的手臂。「等着瞧吧。」她說，
「這是一個驚喜。」

　　過了一會兒，舞蹈表演開始了！芭蕾舞團在舞台上跳躍旋轉。在眾多舞蹈員前方，有一位身穿藍色舞衣的主舞者在領舞。

　　在舞台上，舞蹈員踏着強而有力的舞步，飛躍到半空中。她們的動作靈動，仿如在舞台上飛舞；她們着地的動作輕盈得像羽毛。

在表演的結尾，主舞者表演了一段優美的獨舞。她用腳尖穩穩地站起，然後表演了踢腿和旋轉，所有動作都完成得非常完美。

表演結束後，芭蕾舞團列隊向觀眾鞠躬謝幕，所有人都報以熱烈的掌聲。這時候，舞蹈員脫下他們的面具，讓觀眾大吃一驚。原來，主舞者竟然是灰姑娘！

所有人都驚訝得目瞪口呆。王子率先站起來,開始用力鼓掌,掌聲甚至比之前更響亮。接着,所有觀眾都站起來,為芭蕾舞團和親自上場表演的公主歡呼。

「多美妙的驚喜呀！」大公爵一邊歡呼，一邊與王子一同感謝灰姑娘帶來的精彩表演。

普魯登斯微微一笑，說：「也許這就是春季傳統的新開端呢！」

灰姑娘笑着握緊普魯登斯的手，說：「謝謝你，現在輪到你給我一個大驚喜呀！」

DISNEY PRINCESS

茉莉公主

沙漠賽馬

勇於挑戰

某天傍晚，正當茉莉公主和阿拉丁在王宮裏漫步的時候，茉莉的父親——蘇丹匆匆忙忙地跑到陽台上呼喊起來。

「噢，又來了！那討厭的沙漠賽馬！」蘇丹氣急敗壞地嚷着。

蘇丹之所以如此不高興，是因為鄰國扎格拉巴的法伊茲王子已經連續三年贏得沙漠賽馬的金棕櫚獎盃了。

「父王，我有一個主意！」茉莉興奮地說，「我可以騎着我的愛駒『子夜』參加今年的沙漠賽馬呀，『子夜』是阿格拉巴最快的馬！」

蘇丹並不喜歡這個提議，他不想自己的掌上明珠在比賽中受傷。

「那不如由我來騎着子夜參賽吧？」阿拉丁說。

頃刻間，蘇丹的眼睛亮起來了。他非常、非常喜歡這個提議。

阿拉丁之前從未騎過子夜。事實上，除了茉莉公主以外，沒有任何人騎過牠。

於是，第二天，大夥兒一起來到馬廄，好讓阿拉丁和子夜互相認識一下。

可是，當阿拉丁拿着馬鞍走向子夜時，牠便臉露不悅並馬上跳得遠遠的。當阿拉丁剛躍到馬背上，子夜更是拔足狂奔，把阿拉丁拋到半空中！

阿拉丁拍拍身上的沙塵後，想要再次嘗試策騎。

這時，茉莉上前說：「你還好嗎？不如讓我來吧。」

　　說罷，茉莉動作利落地翻上馬鞍，輕鬆地讓馬匹踱步起來。子夜表現得很樂意，乖乖聽從茉莉的所有指令。

　　看來子夜只能是茉莉公主的專屬坐騎呢！

　　不過，蘇丹仍舊不肯讓茉莉參加比賽。

到了沙漠賽馬舉行的日子，來自扎格拉巴的騎師浩浩蕩蕩地列隊來到阿格拉巴，行列中包括了法伊茲王子和他那匹矯健的白色駿馬——沙漠戰士。

賽事即將開始的時候，大批觀眾爭相搶佔觀賞賽事的最佳位置。所有人似乎都前來觀戰了，只有茉莉公主不在場。

所有騎師都在起點各就各位，法伊茲王子和他的愛駒看起來信心十足。

蘇丹高舉旗幟，負責發號施令。他高聲喊道：「一、二、三！出發！」

比賽正式開始了！

　　比賽一開始，所有騎師一起應聲而出，賽道上頓時沙
塵滾滾。

　　阿拉丁騎着一匹很特別的藍色駿馬參加比賽。起初，
他與阿格拉巴的參賽騎師們搶先佔據了有利的位置。

　　不久，一匹由神秘蒙面騎師策騎的黑馬後來居上，
迅即遙遙領先。

　　參賽騎師們一路上互相追逐，當他們遠離了王宮，
蒙面騎師隨即將面紗、帽子和斗篷丟掉。

　　原來，是茉莉公主！

　　「我真的不想違背父王的意願。」她悄聲對子夜
說，「不過，我必須向大家證明你是跑得最快的。」

　　另一邊廂，阿拉丁和參賽者們從後追趕着，他們來到了一個綠洲。

　　突然，一陣興奮的呼喊聲傳來：「嘩！我很喜歡這裏呢！」

　　原來，阿拉丁的坐騎根本不是馬，那是精靈偽裝而成的！

　　話音剛落，精靈就興奮地落入一潭清澈的泉水裏，變成了海馬的形態。

　　阿拉丁狼狽地呼救說：「唏！這可不是我們計劃的一部分！」

　　「放心吧，我們一定能夠追上那匹黑馬的，但現在我要先補充一下水分。」精靈笑着說。

茉莉對阿拉丁和精靈的事毫不知情，
繼續策騎向終點奔去。

來到比賽中段，茉莉仍然保持領先。

不過，法伊茲王子和沙漠戰士這時開始從後趕上！茉莉趕緊鞭策愛駒，但子夜似乎無法與沙漠戰士拉開距離。

沙漠戰士既高大又強壯，而且奔跑的速度非常快。終於，子夜被牠超越了。

茉莉與子夜絕不放棄，不會任由法伊茲王子勝出的。子夜奮力狂奔，越過了沙漠戰士。

「那個獎盃是阿格拉巴的了！」茉莉咯咯大笑，向後方大聲說。

可是茉莉高興得太早了，法伊茲王子和沙漠戰士始終緊隨在子夜身後，直至兩匹馬需要跳過橫跨在面前的一條深溝。

面對障礙，茉莉和子夜勇敢地一躍而過，而沙漠戰士則猛然煞停，顯得畏懼，還把法伊茲王子從馬背上拋了出去，沙漠戰士無法繼續比賽了。

正當茉莉以為已經擺脫所有對手時，茉莉聽見一陣急速的踏蹄聲在她身後響起。

茉莉轉身查看是誰尾隨着她，想不到竟然是阿拉丁！

沒多久，阿拉丁和他那匹神秘的馬追上了茉莉，還跟她爭奪領先的位置。

　　茉莉渴望證明子夜是兩個王國中最快的馬，而她是最出色的騎師。於是，她拚命一次又一次地鞭策子夜加快速度。

　　兩匹馬逐漸接近終點線之際仍是勝負難分。最初是子夜稍微領先一點點，然後阿拉丁的馬再超前，不過誰都無法保持一直領先。

　　最終，兩匹馬在同一時間衝過了終點線！

到了終點，子夜放慢腳步停下來，茉莉便立即跳下馬背，給她累壞了的馬一個擁抱，然後領着牠到水槽去好好喝水。

　　蘇丹跑過來，興奮地高呼：「你和阿拉丁都做得很好！」

　　說罷，他皺起眉頭說：「等一等。我不是說不准你參加賽馬的嗎？」

　　「對不起，父王。」茉莉開始解釋，「我只是……」

　　「噢，不要緊啦。」蘇丹打斷了她的話，一把抓來獎盃高高舉起。「阿格拉巴總算勝出了！我們奪得雙冠軍！」

蘇丹說得沒錯，她和阿拉丁一同勝出比賽了。

「恭喜你！」阿拉丁一看見茉莉便向她道賀。

「也恭喜你一同勝出，」茉莉回答說，「不過你到底是從哪裏找來一匹跑得這麼快的馬？」

阿拉丁看着他的馬，頓時變得一臉尷尬。

　　就在那時，阿拉丁身旁突然傳來了精靈的聲
音說：「很驚喜吧！」

　　眼前的那匹馬瞬間變成了精靈的模樣，把茉
莉嚇了一跳。

　　「對不起，公主殿下。」精靈一邊說，一邊
眨了眨眼，「我們剛剛騎馬到處走了一會兒！」

當蘇丹知道了真相後，不禁皺起眉頭，宣布說：「比賽規則訂明，只接受一人一馬的組合競逐金棕櫚獎盃。阿拉丁和精靈要被取消參賽資格。」

於是，茉莉和子夜終於成為沙漠賽馬的唯一勝利者了！

茉莉感到十分自豪。她一直都相信子夜跑得很快，不過她從沒想過牠竟能在比賽中擊敗精靈，真是一個意外驚喜呢！隨後，她換了一身華麗的衣服，騎着子夜跟大家一起巡遊，慶祝勝利！

小魚仙艾莉兒
浪潮大冒險

臨危不亂

一天早上，艾莉兒和她的姊妹在海底吃早餐。她們
都期待着跟謝登國王一起度過這美好的一天。

可是，國王不久卻派人通知女兒們，他要前往亞特蘭蒂斯處理事務，沒法陪伴她們。

艾莉兒感到非常失望，她最喜歡父王和她們一起待在珊瑚礁上的時光了。

幸好，艾莉兒的姊姊們已經計劃好今天的節目了！她們想要到珊瑚礁玩勇闖急流的遊戲。

　　女孩們一抵達珊瑚礁，便開始數數：「一……二……三！」接着，她們一下子躍進急促的海流，興奮地追逐嬉戲。

　　艾莉兒、艾娃妲和艾蓮娜享受過緊張刺激的急流之旅後，便準備回家去。

女孩們沿着海流前進，嘗試游向水流較緩慢的海域，可是她們卻遇險了！

　　艾莉兒跟姊姊們手拉手不斷拚命嘗試向前游動，但是猛烈的海流將她們困在原地，甚至把她們一點一點地推向離家更遠的地方。

更糟糕的是，一股強大的海流襲來，把海牀上的沙土揚起，四周海水一片混濁，讓女孩們不能辨別方向。

女孩們都害怕起來，她們在茫茫大海中迷路了。

「我們要怎麼回家呀？」艾蓮娜高聲問道。

　　這時，幸好艾莉兒能保持鎮定，她想到一個好主意：如果她們游到海面，便能看清珊瑚礁的位置了。

　　「可是，父王叮囑過我們不應該到海面的！」艾娃妲不敢冒險，她警告說。

　　不過，艾莉兒知道這是她們唯一的選擇，因此她果斷地抓緊姊姊們的手，一起游到海面上。

　　艾莉兒勇敢地帶着姊姊們游向海面上的岩石，說：
「不用怕，我們先到那邊休息，然後再找回家的路。」

　　當女孩們游到岩石旁時，她們與一隻海鳥撞個正着，
彼此都吃了一驚。

　　艾莉兒對海鳥說：「不用怕，我們是美人魚！我們迷
路了，找不到回家的路。」

　　「美人魚？」海鳥驚訝地說，「我已經許多年沒見過
美人魚了。」

接着，海鳥用牠的翅膀指着一個方向說：「我記得曾經在那邊的一個小海灣看見過美人魚的。」

　　聽到海鳥的回答，女孩們都很驚喜。

　　「我們只要向那邊游就能回家了！」艾莉兒興奮地向她的姊姊們說。

　　善良的海鳥後來更為女孩們找來幾條海豚一起幫忙。

　　女孩們緊緊抓着海豚的背鰭，海豚們隨即輕快地躍過水面，在海浪中穿梭。

　　當她們來到了小海灣附近，海豚說：「這裏就是海鳥所說的小海灣，希望你們能夠平安回家吧！」

　　艾莉兒和姊姊們很感激海豚們的幫助，說：「謝謝你們為我們引路啊！」

　　她們跟海豚分別後，便開始潛進海底，希望能看到一些熟悉的事物。

不久，她們再次遇到了危險！只見兩條身形龐大的鯊魚突然出現在眼前！

女孩們都驚呆了。

「有鯊魚啊！」艾莉兒冷靜地低聲說，「我們要趕快躲起來！」

艾莉兒和姊姊們隨即游到附近的一艘沉船躲藏起來，然後從沉船船身破爛的位置偷偷觀察外面的鯊魚。

「也許我們應該留在這裏一會兒……確保安全。」艾蓮娜悄聲說，「這裏應該比較安全吧。」

　　鯊魚沒多久就開始游向遠處，女孩們大大舒了一口氣。

　　當危機過去，艾莉兒興奮地拿着一本書跟姊姊們分享，說：「你們快看，實在太美妙了！」

　　姊姊們想要阻止艾莉兒不要亂碰人類的東西，但艾莉兒卻十分好奇，還想繼續探索這艘沉船呢！

艾莉兒想找出更多新奇的東西。突然，她聽見遠方有人在呼喚着：「艾莉兒！艾娃妲！艾蓮娜！」

　　女孩們匆匆游出沉船，發現兩名國王的侍衞正在呼喚她們。

　　原來，謝登國王聽到了女兒們下落不明的消息，便馬上派出侍衞展開搜索。侍衞們發現公主們時，不禁讚歎她們臨危不亂——她們幾乎就能夠自行回到王宮了！

　　這時，一股強烈的海流正在迫近，侍衞們趕緊帶着三位公主奮力往前游，努力穿越海流。

不過，艾莉兒想出另一個辦法，就是往下游，以免被海流帶到遠方。

「我們就在你身後！」其中一名侍衞說。

艾莉兒往黑暗的海洋潛得更深了，漸漸地，她感覺到海流的拉扯變弱了，她的計劃成功了！

不過，當艾莉兒看看四周時，才發現自己跟大家失散了，獨個兒迷失在一片漆黑之中。

　　「哈囉？我迷路了，我需要幫助。有人聽到我的話嗎？」她大聲呼叫起來，「我什麼東西也看不見呢。假如有魚兒能夠照亮這裏，給我帶路的話就好了……」

就在這時，她看見前方有兩道微光亮起來了，那是一尾魚兒！

「請問你能幫幫我嗎？我正在尋找我兩個姊姊和兩名侍衞。」艾莉兒說。

魚兒沒有回答。不過，牠帶領着艾莉兒穿越一條又一條隧道，直至遇上了一羣身上會發光的魚兒！魚羣為艾莉兒照亮四周，她終於找到返回侍衞和姊姊們身邊的路了。

　　最後，艾莉兒隨着侍衞和姊姊們平安地回到王宮了！

　　「真是太好了！你們總算平安無事地回來了。」謝登
國王說。

　　「不過，我對你們擅自到處亂跑感到很失望，你們可
能會永遠迷路，無法回家呢！」

　　「國王陛下……」其中一名侍衛說，「剛才我們找到小公主們時，她們正在游向回家的路上呢。我認為她們相當足智多謀。」

　　「我們才沒有亂跑呀。」艾娃妲抗議說，「那是珊瑚礁附近有一股異常強大的海流把我們帶走的。」

　　「好吧，我為你們懂得照顧自己而感到自豪。你們希望得到什麼獎勵呢？」謝登國王說。

　　女孩們想了想，最後艾莉兒鼓起勇氣開口：「明天吃過早餐後，你可以陪我們在珊瑚礁上一起玩嗎？」

　　謝登國王開懷大笑，說：「那真是求之不得呢。」

花木蘭
父親的榮耀

迎難而上

皇家武藝比賽即將舉行，而木蘭父親的生日也快到了。

木蘭希望贏得作為獎品的卷軸，那將是送給父親的完美禮物！

「父親，你認為我能夠勝出嗎？」木蘭問。

「木蘭，你應當問自己會否竭盡全力，讓我們的家族感到光榮？」

父親慈祥地微笑着，木蘭也回以一笑。

不過，她隨即為另一個問題感到苦惱：假如她無法為家族帶來榮耀，那該如何是好？

第二天一大早，木蘭便和她的好朋友們一起練習射箭。

「不要動，木須。」木蘭一邊說，一邊舉弓瞄準目標。

「我們可以跟你一起練習格鬥嗎？」木須好奇地問道，「我們可以幫助你的，蟋蟀說他只要一揮觸角，便能擊倒對手呢！」

　　「謝謝你們的好意，不過我必須要自己一個人
練習格鬥。」木蘭說，「參賽戰士的體形都比我健
碩得多，力氣也大得多。我要運用智慧才有機會打
敗他們。」

　　「你活下來就可以了。」木須笑着說，「比賽
時再見啦。」

在皇家武藝比賽當天，觀眾陸續進場，木蘭瞥見家人就在看台上。她的父親對她點點頭以示鼓勵。

木蘭緊記父親的諄諄教誨：她要全力以赴！

賽事的主持人向所有人打招呼，並說明比賽規則。

「每位戰士每次與一位對手進行比試，勝出者可以晉級到下一回合。

「所有賽事必須在圓形的比賽場地中進行，踏出場地邊界的人將會被取消資格。」

第一項賽事是箭藝比賽。一聽見木蘭的名字，木須便帶領花家的啦啦隊熱烈地吶喊打氣。

觀眾隨即響起如雷掌聲。

接着，主持人讀出木蘭對手的名字：「蘇邁提！」

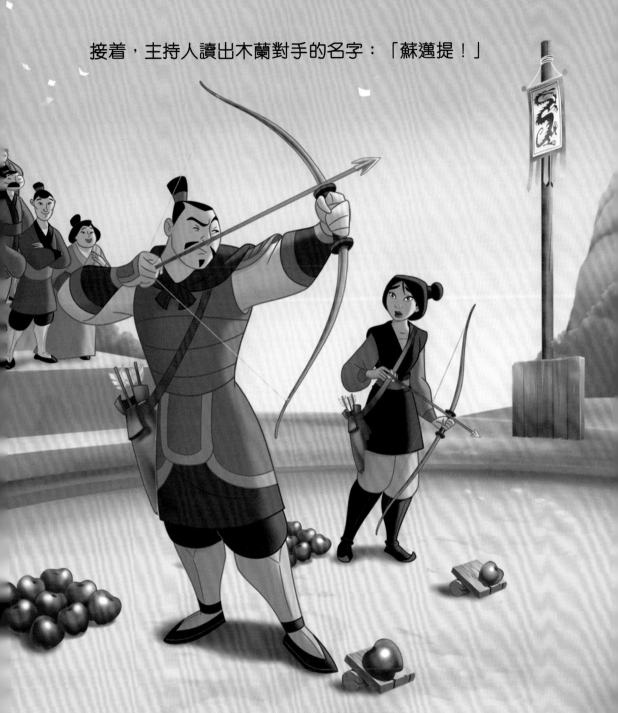

　　木蘭不由得皺起眉頭，因為蘇邁提高大強壯，看來不易應付呢。
　　銅鑼被敲響了，參賽者要各自利用踏板將蘋果拋到空中，然後以弓箭把蘋果射向目標。

蘇邁提的表現出色……不過木蘭加添了更多創意。
木蘭並不是沿直線瞄準，而是利用蘋果拼出了一張笑臉！

木蘭的聰明機智獲得了回報！

「花木蘭勝出！」主持人宣布說。

木蘭的父親點頭讚許。「也許這場比賽將會成為父親至今收到的最好的生日禮物呢。」木蘭心想。

之後，木蘭以長棍與另一位名叫包二虎的參賽者對打。

木須再次帶領觀眾觀呼。不過，他實在太興奮了，幾乎要掉進比賽場地的範圍裏去，嚇得觀眾倒抽一口涼氣。

木蘭瞥見這一幕，一時分心，包二虎隨即把握機會進攻。

包二虎將長棍狠狠地擲向木蘭！木蘭迅捷地蹲下、轉身，並將包二虎的武器折成兩半。
　　觀眾驚歎不已。木蘭又勝出了！

　　「剛才真驚險。」木蘭想。她決心不會再讓木須令自己分心了。

經過了一場又一場
的戰鬥……

木蘭打敗了她遇上的
每一位戰士。

卷軸快要成為她的
囊中物！

「我們只餘下最後兩位戰士。」主持人高聲說，「歡迎花木蘭和溫南甫！」

當溫南甫踏進比賽場地時，木蘭緊張得倒抽一口氣。他可是芸芸參賽者中體形最健碩、最兇悍的一個呀！

在最後一個回合裏，戰士可以自行挑選想要使用的兵器。
溫南甫隨即亮出他的兩枝三叉戟！
木蘭深呼吸了一下，然後氣勢十足地揮舞御賜的寶劍。

「噹！」
銅鑼一響，比武便正式開始了。

木蘭沉着應戰。她很快就明白到在地面作戰時，温南甫的體形和武藝都令她處於劣勢。

不過，木蘭擁有出色的平衡力幫助她對抗強敵。

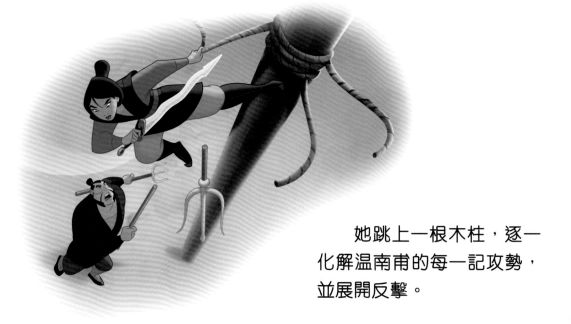

她跳上一根木柱，逐一化解温南甫的每一記攻勢，並展開反擊。

另一邊廂，隨着戰鬥越演越烈，木須打氣時亦越來越投入。

木蘭的好朋友們一個個疊起羅漢，木須站在小狗的頭頂上，手舞足蹈地吶喊助威。

木蘭高舉寶劍，充滿信心地奮勇迎戰。

木蘭眼看自己快要成功壓制對手了。就在這時，在場邊的木須失去了平衡，他和好朋友們一起摔到比賽場地裏。

更糟糕的是，溫南甫的三叉戟正朝他們飛去！

「木蘭，救命啊！」木須呼叫道。

木蘭知道她必須先拯救她的朋友！

她立時揮劍砍斷附近的一根木柱，用它阻擋三叉戟向她的朋
友飛去。

這個方法果然奏效！溫南甫的三叉戟插入那根木柱，木須他們都毫髮無損。

不過，在這個激動人心的時刻，木蘭卻犯下了一個重大失誤。

「花木蘭踏出了比賽場地範圍。她被取消資格了。溫南甫勝出！」比賽主持人宣布說。

武藝比賽結束後，木蘭再次在樹下與父親並肩而坐。
「對不起，我不僅輸掉了武藝比賽，還令我們的家族
面目無光。」她說。

「你這樣說不對啊。」木蘭的父親說，「木蘭，你既勇敢又聰明，而最重要的是，你今天拯救了你的朋友。」

父親拾起了一朵花，將花兒別在木蘭的頭髮上，然後說：「這是真正的花家戰士應有的行為，我作為你的父親真是非常自豪。」

「我不需要卷軸作為生日禮物，因為你就是我最好的禮物了。」